Mascha Kaléko

Verse für Zeitgenossen

Mascha Kaléko

Verse für Zeitgenossen

dtv

Sonderausgabe 2017
4. Auflage 2022
© für die Texte: 1958 Mascha Kaléko
1975, 2012 Gisela Zoch-Westphal
© für diese Ausgabe:
2017 dtv Verlagsgesellschaft mbH & Co. KG, München
Gesetzt aus der Monotype Garamond und Arquitecta
Satz: Katrin Uplegger, dtv
Druck und Bindung: GGP Media GmbH, Pößneck
Gedruckt auf säurefreiem, chlorfrei gebleichtem Papier
Printed in Germany · ISBN 978-3-423-28139-3

Verse für Zeitgenossen

Statt eines Vorworts

Quasi ein »Januskript«

Wie Janus zeigt zuweilen mein Gedicht
Seines Verfassers doppeltes Gesicht:
Die eine Hälfte des Gesichts ist lyrisch,
Die andere hingegen fast satirisch.
Zwei Seelen wohnen, ach, in mir zur Miete
– Zwei Seelen von konträrem Appetite.
Was ich auch brau in meinem Dichtertopf,
Stets schüttelt Janus einen halben Kopf;
Denn, was einst war, das stimmt uns meistens lyrisch,
Doch das, was ist, zum großen Teil satirisch.

Die Zeit steht still

Alle sieben Jahre

In den weisen Büchern habe ich gelesen:
Alle sieben Jahre wandelt sich dein Wesen.
Alle sieben Jahre, merket, Mann und Weib,
Wandelt sich die Seele, wandelt sich der Leib.

Wandelt sich dein Hassen, wandelt sich dein Lieben.
Und ich zählte heimlich: drei Mal, vier Mal sieben.
Ach, die Geister kamen. Und mein Ohr vernimmt:
Alle sieben Jahre … Siehe da, es stimmt.

Sorgenvoll betracht ich alle Liebespaare.
Ob sie es wohl wissen: Alle sieben Jahre …
Selbst in deinen Armen fragt mein Schatten stumm:
Wann sind wohl, Geliebter, unsre sieben um?

Memento

Vor meinem eignen Tod ist mir nicht bang,
Nur vor dem Tode derer, die mir nah sind.
Wie soll ich leben, wenn sie nicht mehr da sind?

Allein im Nebel tast ich todentlang
Und laß mich willig in das Dunkel treiben.
Das Gehen schmerzt nicht halb so wie das Bleiben.

Der weiß es wohl, dem gleiches widerfuhr;
– Und die es trugen, mögen mir vergeben.
Bedenkt: den eignen Tod, den stirbt man nur,
Doch mit dem Tod der andern muß man leben.

Ein welkes Blatt …

Ein welkes Blatt – und jedermann weiß: Herbst.
Fröstelnd klirren die Fenster zur Nacht.
O, grüne Welt, wie grell du dich verfärbst!

Schon raschelt der Winter im Laube.
Und die Vögel haben, husch, sich aus dem Staube
Gemacht.

Wie letzte Früchte fielen ihre Lieder vom Baum.
Nun haust der Wind in den Zweigen.

Die Alten im Park, sie neigen
Das Haupt noch tiefer. Und auch die Liebenden
Schweigen.

Bald sind alle Boote im Hafen.
Die Schwäne am Weiher schlafen
Im Nebellicht.

Sommer – entflogener Traum!
Und Frühling – welch sagenhaft fernes Gerücht!

… Ein welkes Blatt treibt still im weiten Raum,
Und alle wissen: Herbst.

Wo sich berühren Raum und Zeit ...

Wo sich berühren Raum und Zeit,
Am Kreuzpunkt der Unendlichkeit,
Ein Pünktchen im Vorüberschweben –
Das ist der Stern, auf dem wir leben.

Wo kam das her, wohin wird es wohl gehn?
Was hier verlischt, wo mag das auferstehn?
– Ein Mann, ein Fels, ein Käfer, eine Lilie
Sind Kinder einer einzigen Familie.

Das All ist eins. Was »gestern« heißt und »morgen«,
Ist nur das Heute, unserm Blick verborgen.
Ein Korn im Stundenglase der Äonen
Ist diese Gegenwart, die wir bewohnen.

Dein Weltbild, Zwerg, wie du auch sinnst,
Bleibt ein Phantom, ein Hirngespinst.
Dein Ich – das Glas, darin sich Schatten spiegeln,
Das »Ding an sich« – ein Buch mit sieben Siegeln.

... Wo sich berühren Raum und Zeit,
Am Kreuzpunkt der Unendlichkeit –
Wie Windeswehen in gemalten Bäumen
Umrauscht uns diese Welt, die wir nur träumen.

Gebet

Herr: unser kleines Leben – ein Inzwischen,
Durch das wir aus dem Nichts ins Nichts enteilen.
Und unsre Jahre: Spuren, die verwischen,
Und unser ganzes Sein: nur ein Einstweilen.

Was weisst du, Blinder, von des Stummen Leiden.
Steckt nicht ein König oft in Bettlersschuhn?
Wer sind wir denn, um richtend zu entscheiden.
Uns ward bestimmt, zu glauben und zu tun.

Lass du uns wissen, ohne viel zu fragen,
Lehr uns in Demut schuldlos zu verzeihn.
Gib uns die Kraft, dies alles zu ertragen,
Und lass uns einsam, nicht verlassen sein.

Herbstabend

Nun gönnt sich das Jahr eine Pause.
Der goldne September entwich.
Geblieben im herbstlichen Hause
Sind nur meine Schwermut und ich.

Verlassen stehn Wiese und Weiher.
Es schimmert kein Segel am See.
Am Himmel nur Wildgans und Geier
Verkünden den kommenden Schnee.

Schon rüttelt der Wind an der Scheune.
Im Dunkel ein Nachtkäuzchen schreit.
Ich sitze alleine beim Weine
Und vertreib mir die Jahreszeit …

Im Gasthaus verlischt eine Kerze.
Verspätet spielt einer Klavier.
– Dem ist auch recht bange ums Herze,
Adagio in Moll – so wie mir.

Der Abend ist voller Gespenster,
Es poltert und knackt im Kamin.
Ich schließe die Läden am Fenster
Und nehme die Schlafmedizin.

Souvenir à Kladow

(geschrieben im heftigen Vorfrühling Manhattans)

Ich denke oft an Kladow im April …
Noch hält der Frühling sich im Wald verborgen,
Die Ufer warten kahl und winterstill,
Und nur die ersten Knospen rufen: »morgen!«

Auf einmal regt sich was im Vogelnest,
Und Sammetkätzchen schaukeln von den Weiden.
Die ganze Landschaft rüstet sich zum Fest –
In meinem Herzen rüstet sichs zum Scheiden.

Der letzte Abendgang durch die Allee:
Wie geisterhaft die fernen Glocken hallen!
Ein später Vogel ruft: »Ade. Ade.«
Das ist mir früher niemals aufgefallen.

In diesem Haus mit seinen blanken Scheiben,
Den Fliederbüschen und dem Silbermond,
Dem See, darauf die kleinen Boote treiben –
Hier hab ich achtzehn Frühlinge gewohnt.

Von meinem Herzen bleibt ein gutes Stück
Auf diesem kleinen Erdenfleck zurück.
– Und eine Stimme in mir sagt: Ich will
Die Stunde, wie sie ist, in mir bewahren.
Und sieh: da lebt sie, nach so vielen Jahren!

Ich denke oft an Kladow im April.

Als ich Europa wiedersah ...

Als ich Europa wiedersah
– Nach jahrelangem Sehnen –
Als ich Europa wiedersah,
Da kamen mir die Tränen.

Im grauen Frühlicht die Stadt Paris
Umarmte mich wie vor Jahren,
Als der zweite Vorkrieg noch »Nachkrieg« hieß,
Und wir noch beheimatet waren.

Paris, du mein geliebtes Paris,
Du Herzensstadt der Franzosen,
Du reimst dich noch immer auf Paradies,
Du Heimat der Heimatlosen.

Mir haben die Jahre den Übermut
Ein wenig ausgetrieben.
Doch du bist noch immer der Tunichtgut,
Paris, du bist Achtzehn geblieben!

Dein Lieblingswort ist noch immer »l'amour«,
Dein Sirenengesang – höchst verderblich!
Deine Bäume, sie rauschen in Moll und in Dur,
Paris, dein »esprit« ist unsterblich.

Old London hat seinen Tee und sein Bier,
Doch du hast Champagner im Blute.
Seit ich dich wiedergesehn, ist mir
So feiertäglich zumute.

– Wie soll ich euch lassen, ihr Gassen am Quai,
Ihr Träume am Ufer der Seine …
Adieu, du mein freundlicher Beaujolais!
Und verzeih diese Abschiedsträne.

Nachdenkliches Lenzgedicht

Die Heckenrose greift nicht zum Kalender,
Um festzustellen, wann der Lenz beginnt.
Die Schwalben finden heim in ihre Länder,
Ihr »Reiseführer« ist der Maienwind.

Der kleinste Käfer rüstet sich im Grase
Und weiß auch ohne Weckeruhr Bescheid.
Die Frösche kommen pünktlich in Ekstase,
Und auch die Schmetterlinge sind bereit.

Im Stalle blöken neugeborne Schafe,
Und junge Entlein tummeln sich im Bach.
Die Welt erwacht aus ihrem Winterschlafe
Ganz ohne Kompaß oder Almanach.

– Ein Badehöschen flattert von der Stange.
Es riecht nach Maitrank, Bohnerwachs und
Zimmt:
Die Kaffeegärten rüsten zum Empfange.
Der Lenz beginnt. – Es dauert ziemlich lange,
Bis ihn das Menschenherz zur Kenntnis nimmt
Und Blüten treibt … (Sofern das Datum stimmt.)

Vierundzwanzig Zeilen Herbst

O lebensmüdes altes Jahr!
Die Wälder stumm. Der Park entlaubt.
Bald schneit der Winter weißes Haar
Auf unser sommergrünes Haupt.

Der letzte Spatz von dannen hinkt,
Die Lerche in den Frühling flieht,
Und unterm Schieferhimmel singt
Melancholie ihr trübes Lied.

Nun legt der Nebel weit und breit
Dem Frohsinn das Gewerbe.
– Das ist gewiß die Jahreszeit,
In der ich einmal sterbe.

Hergott, bewahr uns vor der Gicht!
Gib, daß mein Herz nicht rostet.
Um andern Reichtum bitt ich nicht,
Weil Geld uns zuviel kostet.

Ein kleines Feuer im Kamin
Magst du mir auch noch geben,
Wenn dunkle Schattenwolken ziehn,
Und Frost klirrt; – und daneben,

Daß ich der Schwermut trotzen kann
Und nicht die Flucht ergreife:
Ein Kind im Zimmer nebenan,
Den Mann mit Buch und Pfeife.

Die »Kleine Angina«

Als ich noch im Halswehalter war
Und ziemlich stolz auf mein Fieber,
– Mama stand Wacht, und das Haus stand Kopf,
Und es roch nach Jelängerjelieber –

Da kam der Doktor Rosenpracht
Und zwinkerte hinter der Brille:
»Was, Schule? – Kommt nicht in Betracht!«
Und verschrieb mir ne Hustenpastille.

Nun gab es Biscuits und Apfelpüree …
Wie die Eiskompresse mich schreckte!
Und ich trank unentwegt den verordneten Tee,
Der, wie Weihrauch, nach Kirche schmeckte.

Zum Kaffee um vier erschien Tante Lou
Und von nebenan Frau Professor.
Sie sprachen dem Napfkuchen ordentlich zu
Und wußten alles viel besser.

Ich versäumte das »Klassische Altertum«
Und die Verben bis Seite dreißig.
Ich dachte mir: Gott, sind Erwachsene dumm!
War faul und gurgelte fleißig.

Sooft ich mehr Bücher hatte als Zeit,
– Es klappte fast automatisch –
War die »kleine Angina« auftrittsbereit.
Heut nennt man das »psychosomatisch«.

– Als ich noch im Halswehalter war,
Das ist hundert Jahr her, mein Lieber.
Und das Halsweh ist fort. Doch das »Alter«, wie's
                                    scheint,
Ist noch immer nicht restlos vorüber.

Träumer mittleren Alters

… Wie einen doch der große Weltschmerz quälte,
Als man so etwa zwanzig Jahre zählte!
Nun wird man niemals wieder Zwanzig sein.
Oft ist in mir ein seltsames Bedauern:
Daß ich nicht traurig bin, das macht mich trauern
Und hüllt mich in die alte Wolke ein.

Soll man die Wohlgeratenen beneiden,
Die kühl und praktisch nie an Weltschmerz leiden,
Weil ihre Herzen längst gestorben sind?
Ach, der Gedanke schon läßt mich verzagen …
Mein Schicksal bleibt es, Träumen nachzujagen,
Ein hoffnungslos verlornes großes Kind.

Herbstanfang

Die Nachtigall in meinem Garten schweigt.
Die Welt wird leer.
Und auch die Geige in der Ferne
Geigt nicht mehr.
Der Sommer flieht.
Mit jedem Tage stiller wird mein Lied.

Und jährlich trüber schleicht der Herbst sich ein,
Und tiefer, tiefer, schneit der Schnee mich ein.
Von Wolken schwer,
Die Stirn sich neigt.
Die Welt wird leer.
Die Nachtigall in meinem Garten schweigt.

Kleine Zwischenbilanz

Was wird am Ende von mir übrig bleiben?
– Drei schmale Bände und ein einzig Kind.
Der Rest, es lohnt sich kaum, es aufzuschreiben.
Was ich zu sagen hab, sag ich dem Wind.

Man glaubt es nicht, wie gut wir uns verstehen,
Der Wind und ich. Schon seit geraumer Zeit.
Ihm kann man traun. Er hat schon viel gesehen.
Er kennt die Welt und weiß Bescheid.

Es ist und bleibt das gleiche allerorten –
Man sagt am Ende nichts, in vielen Worten.
Zum Reden hat sogar der Feige Mut;
Doch Schweigen klingt in jeder Sprache gut.

Lieder für Liebende

Weil du nicht da bist

Weil du nicht da bist, sitze ich und schreibe
All meine Einsamkeit auf dies Papier.
Ein Fliederzweig schlägt an die Fensterscheibe.
Die Maiennacht ruft laut. Doch nicht nach mir.

Weil du nicht da bist, ist der Bäume Blühen,
Der Rosen Duft vergebliches Bemühen,
Der Nachtigallen Liebesmelodie
Nur in Musik gesetzte Ironie.

Weil du nicht da bist, flücht ich mich ins Dunkel.
Aus fremden Augen starrt die Stadt mich an
Mit grellem Licht und lärmendem Gefunkel,
Dem ich nicht folgen, nicht entgehen kann.

Hier unterm Dach sitz ich beim Lampenschimmer,
Den Herbst im Herzen, Winter im Gemüt.
November singt in mir sein graues Lied.
»Weil du nicht da bist«, flüstert es im Zimmer.

»Weil du nicht da bist«, rufen Wand und Schränke,
Verstaubte Noten über dem Klavier.
Und wenn ich endlich nicht mehr an dich denke,
Die Dinge um mich reden nur von dir.

Weil du nicht da bist, blättre ich in Briefen
Und weck vergilbte Träume, die schon schliefen.
Mein Lachen, Liebster, ist dir nachgereist.
Weil du nicht da bist, ist mein Herz verwaist.

Mit auf die Reise

Ich kann dir keinen Zauberteppich schenken,
Noch Diamanten oder edlen Nerz,
Drum geb ich dir dies Schlüsselchen von Erz,
Dazu mein ziemlich guterhaltnes Herz
Zum Anmichdenken.

Ich kann dir keine braven Socken stricken,
Und meine Kochkunst würde dich nur plagen.
Drum nimm den Scherben rosarotes Glas,
Der führt ins Märchenland Ichweissnichtwas
An grauen Tagen.

Ich kann dir nicht Aladdins Lampe geben,
Kein »Sesam« und auch keinen Amethyst.
Doch weil dein Herz mir Flut und Ebbe ist,
Hier: diese Muschel, schimmernd, wie von Tränen
Zum Nachmirsehnen.

Ein Herr namens Tristan

Als er zum ersten Mal in meinem Leben
Die Hand mir drückte, (halb verführerisch,
Halb sorgenvoll) – auf einmal wußte ich,
Als wär es lang versiegelt und verbucht:
… Dies war er, den ich unbewußt gesucht.
Nie wieder wird es seinesgleichen geben.

Und von dem Tag, wiewohl es streng verboten
War, ihm zu nahn – es sei denn, schwesterlich –
Wenn er mich ansah, sang mein Herz nach Noten:
Ich liebe dich …
Weh mir: ich liebe, liebe, liebe dich!

Das graue Haar
(Für Chemjo)

Ein welkes Sommerblatt fiel mir zu Füssen:
Dein erstes graues Haar. Es sprach zu mir:
Mai ist vorbei. Der erste Schnee lässt grüssen.
Es dunkelt schon. Die Nacht steht vor der Tür.

Bald wird der Sturmwind an die Scheiben klopfen.
Im Fliederstrauch, der so voll Singen war,
Hockt stumm der Krähen düstre Bettlerschar.
Hörst du den Regen von den Dächern tropfen?

So sprach zu mir das erste graue Haar.
Da aber ward ich deinen Blick gewahr,
Da sah ich, Liebster, lächelnd, dich im Spiegel.
Du nicktest wissend: Ja, so wird es sein.

Und deine Augen fragten mich, im Spiegel:
Lässt mich die Nachtigall im Herbst allein?
Und meine Augen sagten dir, im Spiegel:
Kommt, Wind und Regen, kommt! Wir sind zu zwein.

Das graue Haar, ich suchte es, im Spiegel.
Der erste Kuss darauf, das war mein Siegel.

Pihi

Vom Vogel Pihi hab ich einst gelesen,
Dem Wundertier im Lande der Chinesen.
Er hat nur einen Fittich: Stets in Paaren
Sieht man am Horizont der Pihi Scharen.
Zu zweien nur kann sich das Tier erheben;
Im Singular bleibt es am Boden kleben.
– Dem Pihi gleich, gekettet an das Nest,
Ist meine Seele, wenn du mich verläßt.

Das berühmte Gefühl

Als ich zum ersten Male starb –
Ich weiss noch, wie es war.
Ich starb so ganz für mich und still.
Das war zu Hamburg, im April,
Und ich war achtzehn Jahr.

Und als ich starb zum zweiten Mal,
Das Sterben tat so weh.
Gar wenig hinterliess ich dir:
Mein klopfend Herz vor deiner Tür,
Die Fusspur rot im Schnee.

Doch als ich starb zum dritten Mal,
Da schmerzte es nicht sehr.
So altvertraut wie Bett und Brot
Und Kleid und Schuh war mir der Tod.
Nun sterbe ich nicht mehr.

Unabgesandter Überseebrief

Wär ich ein Vöglein, würd ich zu dir eilen!
Doch leider hab ich's Fliegen ganz verlernt.
Drum bleibt es wieder nur bei Luftpostzeilen.
– Mein Herz, wir sind fast siebentausend Meilen
Und zirka tausend Dollar weit entfernt …

Ja, wenn ich wenigstens ein Seestern wäre,
Ein Zwergenwalfisch oder ein Delphin!
Ich überquerte die diversen Meere
So peu à peu und schwämme zu dir hin.
Auf dein Erstaunen freute ich mich diebisch …
Doch leider schuf der Herr mich nicht amphibisch.

– Jetzt blühn bei euch die ersten Mandelbäume.
Vor lauter Sehnsucht tut das Herz mir weh.
Wär ich ein Vöglein … (Nichts als Hungerträume!)
Die Nacht ist kalt. Verschlafen fällt der Schnee.
Wer weiß, ob ich dich jemals wiederseh …

Mit einem Jugendbildnis

Oft, wenn ich Jugendbilder scheu verglich
Mit dem gealterten Original,
Das vor mir stand, – ein Schatten des Einmal,
Erschrak ich tief, und Schwermut senkte sich
Kalt in mein Herz. Nun hatte ich erfahren,
Was mir nur ahnte in vergangnen Jahren:
Gemessen und gezählt ist unsre Frist
Auf diesem Stern, der so vergänglich ist.

Nun send ich dir mein Bild als Abschiedstrost.
– Wenn einst die Jahre ihre Runen schreiben,
Hier werd ich immer zwanzigjährig bleiben,
Mit sanften Wangen, die du oft liebkost,
Verträumtem Blick und windumwehtem Haar,
Das gleiche Wesen, das ich einmal war.
Dann tröste dich: So jung und schaumgeboren
Bleibt nur die Liebste, die man früh verloren.

Gebet

Es wohnen drei in meinem Haus –
Das Ich, das Mich, das Mein.
Und will von draußen wer herein,
So stoßen Ich und Mich und Mein
Ihn grob zur Tür hinaus.

Stockfinster ist es in dem Haus,
Trüb flackert Kerzenschein.
– Herr: laß dein Sonnenlicht herein!
Dann geht dem Ich, dem Mich, dem Mein
Das fahle Flämmchen aus.

An mein Kind

Dir will ich meines Liebsten Augen geben
Und seiner Seele flammend reines Glühn.
Ein Träumer wirst du sein und dennoch kühn
Verschlossne Tore aus den Angeln heben.

Wirst ausziehn, das gelobte Glück zu schmieden.
Dein Weg sei frei. Denn aller Weisheit Schluss
Bleibt doch zuletzt, dass jedermann hienieden
All seine Fehler selbst begehen muss.

Ich kann vor keinem Abgrund dich bewahren,
Hoch in die Wolken hängte Gott den Kranz.
Nur eines nimm von dem, was ich erfahren:
Wer du auch seist, nur eines: sei es ganz.

Du bist, vergiss es nicht, von jenem Baume,
Der ewig zweigte und nie Wurzel schlug.
Der Freiheit Fackel leuchtet uns im Traume,
Bewahr den Tropfen Öl im alten Krug.

»Alte Flamme« bei Lichte besehen ...

Das also ist der Abgott, der vor Jahren
Mein Herz bewohnte einen Sommer lang!
– Und dies die Augen, dies der Stimme Klang,
Die meinem Leben Licht und Kompaß waren ...
Man denke, einen ganzen Sommer lang!

Gebrochne Herzen waren aus der Mode.
Doch ich, ein völlig unmodernes Kind,
Ich wartete im Regen und im Wind
Und sehnte einen Herbst lang mich zu Tode.
Erst heute sehe ich: Monsieur, Sie sind
Ein Jammer-Denkmal jener Episode.

... Ist das der Held von damals? Dieser zahme
Herr Doktor, seiner Gattin Untertan?
Verlorner Schlachten müder Veteran:
Ich geh an dir vorbei (du, dessen Name
Mein Herz einst brausen ließ wie ein Orkan!)
Und bleib incognito, »die fremde Dame«.
– So ähnlich endet mehr als ein Roman.

Die »tausend Jahre«

Einem kleinen Emigranten
(Für Steven)

Du, den ich liebte, lang bevor er war,
Den Unvernunft und Liebe nur gebar,
Der blassen Stunden Licht und Himmelslohn,
Mein kleiner Sohn.

Du Kind, mein Herz gehörte dir schon ganz,
Als du ein Nichts noch warst, ein ferner Glanz
Aus deines Vaters dunklem Augenpaar,
In jenem Jahr.

Du hattest grade deinen ersten Zahn,
Da setzten sie aufs Dach den roten Hahn.
Der Schwarze Mann, die Bittre Medizin,
Sie hiess: Berlin.

Du lerntest wieder aufstehn, wenn man fällt.
Dein Kinderwagen rollte um die Welt.
Du sagtest Danke, Thank you und Merci,
Du Sprachgenie.

Zeit, Ort und Bühne waren schlecht gewählt.
Jedoch die Handlung scheint mir nicht verfehlt.
Schon strebst du zu den Sternen, kleiner Baum
Aus meinem Traum.

Du, den ich liebte, lang bevor er war,
Du ferner Glanz aus einem Augenpaar,
Ich leg dies Buch in deine kleine Hand,
Du Emigrant.

Interview mit mir selbst

I.

Ich bin als Emigrantenkind geboren
In einer kleinen, klatschbeflissnen Stadt,
Die eine Kirche, zwei bis drei Doktoren
Und eine grosse Irrenanstalt hat.

Mein meistgesprochnes Wort als Kind war »Nein«.
Ich war kein einwandfreies Mutterglück.
Und denke ich an jene Zeit zurück:
Ich möchte nicht mein Kind gewesen sein.

Im Ersten Weltkrieg kam ich in die achte
Gemeindeschule zu Herrn Rektor May.
Ich war schon sechs, als ich noch immer dachte,
Dass, wenn die Kriege aus sind, Frieden sei.

Zwei Oberlehrer fanden mich begabt,
Weshalb sie mich zwecks Bildung bald entfernten.
Doch was wir auf der Hohen Schule lernten,
Ein Volk »Die Arier« ham wir nicht gehabt.

Beim Abgang sprach der Lehrer von den Nöten
Der Jugend und vom ethischen Niveau.
Es hiess, wir sollten jetzt ins Leben treten.
Ich aber leider trat nur ins Büro.

Acht Stunden bin ich dienstlich angestellt
Und tue eine schlechtbezahlte Pflicht.
Am Abend schreib ich manchmal ein Gedicht.
Mein Vater meint, das habe noch gefehlt.

Bei schönem Wetter reise ich ein Stück
Per Bleistift auf der bunten Länderkarte.
An stillen Regentagen aber warte
Ich manchmal auf das sogenannte Glück.

II.

Post Scriptum. Anno fünfundvierzig

Inzwischen bin ich viel zu viel gereist,
Zu Bahn, zu Schiff, bis über den Atlantik.
Doch was mich trieb, war nicht Entdeckergeist,
Und was ich suchte, keineswegs Romantik.

Das war einmal. In einem andern Leben,
Doch unterdessen, wie die Zeit verrinnt,
Hat sich auch biographisch was begeben:
Nun hab ich selbst ein Emigrantenkind.

Das lernt das Wörtchen »alien« buchstabieren
Und spricht zur Mutter: »Don't speak German,
                                    dear.«
Muss knapp acht Jahr alt Diskussionen führen,
Dass er »allright« ist, wenn auch nicht von hier.

Grad wie das Flüchtlingskind beim Rektor May!
Wenn ich mir dies Dacapo so betrachte …
Er denkt, was ich in seinem Alter dachte:
Dass, wenn die Kriege aus sind, Frieden sei.

Überfahrt

Wir haben keinen Freund auf dieser Welt.
Nur Gott. Den haben sie mit uns vertrieben.
Von all den Vielen ist nur er geblieben.
Sonst keiner, der in Treue zu uns hält.

Kein Herz, das dort am Ufer um uns weint,
Nur Wind und Meer, die leise uns beklagen.
Lass uns dies alles still zu zweien tragen,
Dass keine Träne freue unsern Feind.

Sei du im Dunkel nah. Mir wird so bang.
Ich habe Vaterland und Heim verlassen.
Es wartet so viel Weh auf fremden Gassen.
Gib du mir deine Hand. Der Weg ist lang.

Und wenn das Schiff auf fremder See zerschellt,
Wir sind einander mit dem Blut verschrieben.
Wir haben keinen Freund auf dieser Welt.
Uns bleibt das eine nur: uns sehr zu lieben.

Sozusagen ein Mailied

Manchmal, mitten in jenen Nächten,
Die ein jeglicher von uns kennt,
Wartend auf den Schlaf des Gerechten,
Wie man ihn seltsamerweise nennt,
Denke ich an den Rhein und die Elbe,
Und kleiner, aber meiner, die Spree.
Und immer wieder ist es das selbe:
Das Denken tut verteufelt weh.

Manchmal, mitten im freien Manhattan,
Unterwegs auf der Jagd nach dem Glück,
Hör ich auf einmal das Rasseln von Ketten.
Und das bringt mich wieder auf Preussen zurück.
Ob dort die Vögel zu singen wagen?
Gibts das noch: Werder im Blütenschnee …
Wie mag die Havel das alles ertragen,
Und was sagt der alte Grunewaldsee?

Manchmal, angesichts neuer Bekanntschaft
Mit üppiger Flora, – glad to see –
Sehnt sichs in mir nach magerer Landschaft,
Sandiger Kiefer, weiss nicht wie.
Was wissen Primeln und Geranien
Von Rassenkunde und Medizin ...
Ob Ecke Uhland die Kastanien
Wohl blühn?

(1938)

Momentaufnahme eines Zeitgenossen

Wenn unsereins *se lengvitsch* spricht,
So geht er wie auf Eiern.
Der Satzbau wackelt, und die *grammar* hinkt,
Und wenn ihm etwa ein *ti ehtsch* gelingt,
Das ist ein Grund zum Feiern.

Nicht so der Herr, den ich im Auge habe,
Oder besser gesagt: uffm Kieker.
Dem ist alles Emigrantische fremd.
Er ist der geborene Inglisch-Spieker,
Der Forrenlengvitsch-Göttin Auserkorner.
Kommt es drauf an, so spricht der Mann
Selbst Esperanto wie ein Eingeborner.

Befreit vom Zwang, gebüldet zu parlieren,
Im engen Kreis, wo man einander kennt,
Fährt diese Ausgeburt von refu-gent
Des »Königs Englisch« hoch zu Ross spazieren,
In seinem Oxford- (second hand) Akzent.

Se pörfect Lord. – Ich kenn ihn noch aus Sachsen.
Da sprach er auch des »Geenigs« ABC.
Wie war das heimatliche weiche B
In Leibzich ihm zurzeit ans Herz gewachsen.
Den Untertanenstolz aus königstreuen Tagen
Hat er auf achtundvierzig Staaten übertragen.

Der kroch in Preussen schon auf allen Vieren.
Hier sinds die angelsächsischen Manieren.

Wer mit den Wölfen heult, der heult mit allen Tieren.

Kaddisch

Rot schreit der Mohn auf Polens grünen Feldern,
In Polens schwarzen Wäldern lauert Tod.
Verwest die gelben Garben.
Die sie gesät, sie starben.
Die bleichen Mütter darben.
Die Kinder weinen: Brot.

Vom Nest verscheucht, die kleinen Vögel schweigen.
Die Bäume klagen mit erhobnen Zweigen,
Und wenn sie flüsternd sich zur Weichsel neigen,
Gen Osten wehend ihren trüben Psalm,
In bärtger Juden betender Gebärde,
Dann bebt die weite, blutgetränkte Erde,
Und Steine weinen.

Wer wird in diesem Jahr den Schofar blasen
Den stummen Betern unterm fahlen Rasen,
Den Hunderttausend, die kein Grabstein nennt,
Und die nur Gott allein bei Namen kennt.
Sass er doch wahrlich strenge zu Gericht,
Sie alle aus dem Lebensbuch zu streichen.
Herr, mög der Bäume Beten dich erreichen.
Wir zünden heute unser letztes Licht.

Emigranten-Monolog

Ich hatte einst ein schönes Vaterland,
So sang schon der Refugee Heine.
Das seine stand am Rheine,
Das meine auf märkischem Sand.

Wir alle hatten einst ein (siehe oben!)
Das frass die Pest, das ist im Sturm zerstoben.
O, Röslein auf der Heide,
Dich brach die Kraftdurchfreude.

Die Nachtigallen wurden stumm,
Sahn sich nach sicherm Wohnsitz um,
Und nur die Geier schreien
Hoch über Gräberreihen.

Das wird nie wieder wie es war,
Wenn es auch anders wird.
Auch wenn das liebe Glöcklein tönt,
Auch wenn kein Schwert mehr klirrt.

Mir ist zuweilen so als ob
Das Herz in mir zerbrach.
Ich habe manchmal Heimweh.
Ich weiss nur nicht, wonach …

Frühlingslied für Zugereiste

Liebes fremdes Land. Heimat du, wievielte,
Park so grün wie dort, wo als Kind ich spielte.
Erster Duft im Strauch. Schüchterne Platanen.
Müsst ihr immer mich an daheim gemahnen?
Alles um mich her blüht im Sonnenlicht.
Doch der Frühling hier ist mein Frühling nicht.

Sagtest du: daheim? Räuber sind gekommen,
Haben Licht und Luft und daheim genommen.
Amsel, Fink und Star sitzen eingefangen.
Hör noch, wie daheim Küchenmädel sangen:
»Wenn der weisse Flieder —
wieder blüht …«
Ach, er blühet leider nur im Lied.

Lieber fremder Baum. Weiss nicht deinen Namen,
Weil wir von weither, aus dem Gestern, kamen.
Wenn bei uns daheim dunkle Weiden weinen,
Junge Birke lacht, weiss ich, was sie meinen.
Fremder Vogel du — sangest süss, verzeih,
Ist so trüb mein Herz. Wartet auf den Mai.

Träumt der Tor vom Mai: Alle Glocken klingen.
Schwalben ziehn im Blau. Kerkermauern singen.
Seht, die Bäume blühn, wo sie Wurzel schlugen.
Mütter, wo sie einst ihre Kinder trugen,
Wiegen sie zur Nacht. Väter kehren heim.
Und der Frühlingswind rauscht den alten Reim.

Herbstlicher Vers

Nun schickt der Herr das Leuchten in die Wälder.
Grellbunte Brände lodert jedes Blatt.
Wie welkt das Herz dem wandermüden Fremden,
Der nur die Einsamkeit zur Heimat hat.

Schon fegt der Sturm den Sommer in die Gosse,
Im Park der Ahornbaum schreit blutigrot.
Der Regen weint die immergleichen Tropfen,
Und auf den Wiesen riecht es morsch nach Tod.

Da überfällt den Wandrer banges Schweigen
Und tiefes Weh um Schönheit, die verdirbt.
Herr, nimm mich fort aus diesem letzten Glühen
Und lass mich sterben, eh mein Sommer stirbt.

Verse für keinen Psalter

Ich möcht in dieser Zeit nicht Herrgott sein
Und wohlbehütet hinter Wolken thronen,
Allwissend, dass die Bomben und Kanonen
Den roten Tod auf meine Söhne spein.

Wie peinlich, einem Engelschor zu lauschen,
Da Kinderweinen durch die Lande gellt.
Weissgott, ich möcht um alles in der Welt
Nicht mit dem Lieben Gott im Himmel tauschen.

Mir scheint, ein solcher Riesenapparat
Von Finsternis und Feuerwerk verpflichtet.
Hat Er damit ein Wunder wohl verrichtet,
Wie seinerzeit Ers in Ägypten tat?

Lobet den Herrn, der schweigt! In solcher Zeit,
Vergib, o Hirt, – ist Schweigen ein Verbrechen.
Doch wie es scheint, ist Seine Heiligkeit
Auch für das frömmste Lämmlein nicht zu sprechen.

Herr Zebaoth spaziert im Wolkenhain
Und schert sich einen Blitz, wie ich das finde.
Ich möcht in dieser Zeit nicht Herrgott sein.
Wie aber sag ich solches meinem Kinde?

Fast ein Gebet

Nun weiss ichs, Liebster. Dieses ist das Glück.
Nach all dem Wirrsal und den irren Fahrten
Blieb uns zuletzt das Beste doch zurück:
Des Abends mit dem Kind auf dich zu warten.

Und klein zu sein mit ihm im kleinen Spiel,
Und in sein Schweigen still hineinzulauschen,
Das Gestern in ein Morgen einzutauschen,
Die Brücke neu zu baun, da sie zerfiel.

Was sie auch nahmen, dieses Eine blieb.
Lass uns dies auch in grauen Stunden wissen.
Herr, gib du allen, die das Schwert vertrieb
Ein Dach, ein Brot, ein Kind, ein eigen Kissen.

Zehn Gebote für den »Nouveau Pauvre«

Wir sollten nicht mit unsrer Armut protzen;
Denn Mitleid ist der Güter höchstes nicht.
Auch wer partout von seinem »Damals« spricht,
Ist, – Sie verzeihn, nicht weniger zum Ko…

Daß alles besser war in deinem Land,
Versetzt das Weltall sicher in Entzücken.
Wer seine Brücken hinter sich verbrannt,
Tut gut, nicht immerfort zurückzublicken …

Wer Lorbeern schnorrt fürs »stille Heldentum«,
Gestatte mir, ergebenst zu vermelden:
Ganz unverschuldet traf uns dieser »Ruhm«.
– Gelegenheit macht Helden.

Als frischgebackne Bürger dieses Lands
Gebärdet euch nicht hyperpatriotisch!
Bedenkt: einst wart ihr gotischer als gotisch,
Und betet nicht sogleich zur Hochfinanz.

Wer gar nichts braucht, nur der hat wirklich alles.
Und wer nie bittet, schuldet keinem Dank.
Habt Sonne im Gemüt! Und nötigen Falles
Stets einen guten Ausgehrock im Schrank.

… Denn was den Armen so viel ärmer macht,
Ist: daß frohlocken könnten seine Feinde.
Dabei, wer wirklich sich ins Fäustchen lacht,
Gehts einem schlecht, das sind die Schadenfreunde.

In fremden Betten schläft es sich nicht weich.
Und fremde Treppen steigen schafft Beschwerden.
– Darum empfiehlt es sich, stets »nouveau reich«
(Das heißt: wenn überhaupt) geborn zu werden.

Das war damals

I

Der kleine Affe auf der Orgel hüpfte,
So oft der Alte seinen Schlapphut lüpfte,
Wenn aus dem Fenster Kupfermünzen fielen.
Und wieder fing der Kasten an zu spielen.
Leis fiel der Schnee. Der Hof war menschenleer:
»Es war einmal, einmaaal. Es kommt nicht mehr …«

II

Die Emma, die Luise und die Minne,
Die hielten jetzt im Tellerspülen inne.
Sie dachten an ihr Dorf und ihre Gassen,
Und an den Egon, der sie jüngst verlassen,
Und an den nächsten Sonntag, der war frei:
»O holde Blum der seltnen Männertreu …«

III

Es roch nach Anfang Mai und erstem Flieder.
Vorm Fenster blühte der Kastanienbaum.
Wir schwangen durch die Strassen wie im Traum,
Und wieder
Sangen die Kinder ihre Frühlingslieder:
»Der Lenz. Der Lenz. Der Lenz ist angeko-hom-
                                        men …«

IV

So ratterte der Schnellzug in die Fremde:
Ein Haus, ein Pferd, ein Stückchen Wiesenpfad,
Ein Kind, das winkt, ein grünes Wald-Quadrat,
Und hoch im Blau der Spatzen Notenköpfe
Auf feinliniertem Telegraphendraht.

Und Baum an Baum entschwindet die dämmernde
                                        Allee –
»Lieb Heimatland, lieb Heimatland, lieb Heimat-
                        land, ade …«

Einmal möcht ich dort noch gehn ...
(Für Helen und Walter K.)

Einmal möcht ich dort noch gehn, am Kleinen Ring,
Wo ich an der Mutter Hand mit Trippelschritten ging.
Blumen blühten blau am Fluss,
Als ich meinen ersten Kuss,
Ersten Reim empfing.

Einmal möcht ich dort noch gehn, am Alten Tor,
Wo ich meinen Kinderzahn und mein Herz verlor.
Die ich liebte, sind verweht, vergangen ...
Doch das Abschiedslied, das sie mir sangen,
Klingt mir noch im Ohr.

Einmal möcht ich dort noch gehn, am Neuen Graben,
Wo wir's erste Rendezvous uns gegeben haben.
Mädchen, euer früh erstorbnes Lachen
Wird das Herz mir immer weinen machen,
Und die Stimmen totgesagter Knaben.

Einmal möcht ich es noch sehen, jenes Land,
Das in fremde Welten mich verbannt,
Durch die wohlbekannten Gassen gehen,
Vor den Trümmern meiner Jugend stehen –
Heimlich, ungebeten, unerkannt ...

Deutschland, ein Kindermärchen

geschrieben auf einer Deutschlandreise
im Heine-Jahr 1956

I

Nach siebzehn Jahren in »U.S.A.«
Ergriff mich das Reisefieber.
Am letzten Abend des Jahres wars,
Da fuhr ich nach Deutschland hinüber.

Es winkten die Freunde noch lange am Pier.
Die einen, besorgt und beklommen.
Doch andere wären, so schien es mir,
Am liebsten gleich mitgekommen.

Dezemberlich kühl sank – ein Dollar aus Gold –
Die Sonne am Strand von Manhattan.
Und was greifbar im Lichte des Tages mir schien,
Entschwebte in Silhouetten …

– O, Deutschland, du meiner Jugend Land,
Wie werd ich dich wiederfinden?
Mir bangte ein wenig. Schon sah man New York
Und die Freiheits-Statue schwinden …

*

Es schwankten die bunten Laternen an Bord,
Vom B-Deck erscholl ein Orchester.
– Ich schwänzte das ›Festliche Gala-Souper‹
Und hatte mein eignes ›Sylvester‹ …

Ich grüßte dies recht bedeutsame Jahr
Mit bestem französischem Weine.
Vor einem Jahrzehnt starb das ›tausendste Jahr‹,
Und vor einem Jahrhundert – – starb Heine!

II

Es hat wohl seitdem kein deutscher Poet
So frei von der Freiheit geschrieben.
Wo das Blümelein »Freiheit« im Treibhaus ge-
                                deiht,
Wird das Treiben ihm ausgetrieben …

Er liebte die Heimat, die Liebe, das Leid,
Den Geist und die feine Nüance,
Und war nur ein Deutscher. Ein Deutscher,
                                kein »Boche«.
– Es lebe »la petite différence«!

Satiriker, Lyriker und Patriot
Sans Eichenlaub und Schwerter,
Ein Rebell sans peur et sans reproche,
Ein Horaz, Aristophanes, Werther,

Aus Simsons Stamme, von Davids Geschlecht,
Worob die Philister ihn höhnten;
Denn er spießte den spießigen Goliath
Auf haarfein geschliffene Pointen.

III

Wie Heinrich Heine zu seiner Zeit
War auch ich in der Fremde oft einsam.
(Auch, daß mein Verleger in Hamburg sitzt,
Hab ich mit dem Autor gemeinsam.)

Der Lump sei bescheiden: Ich sag es mit Stolz,
Daß von Urvater Heine ich stamme,
Wie Tucholsky und Mann, Giraudoux und
                                Verlaine –
Wir lieben das Licht und die Flamme!

… Auch ich bin »ein deutscher Dichter,
Bekannt im deutschen Land«,
Und nennt man die zweitbesten Namen,
So wird auch der meine genannt.

Auch meine Lieder, sie waren einst
Im Munde des Volkes lebendig.
Doch wurden das Lied und der Sänger verbannt.
– Warn beide nicht »bodenständig«.

Ich sang einst im preußischen Dichterwald,
Abteilung für Großstadtlerchen.
Es war einmal. – Ja, so beginnt
Wohl manches Kindermärchen.

IV

»... Da kam der böse Wolf und fraß
Rotkäppchen.« – Weil sie nicht arisch.
Es heißt: die Wölfe im deutschen Wald
Sind neuerdings streng vegetarisch.

Jeder Sturmbannführer ein Pazifist,
So lautet das liebliche Märchen,
Und wieder leben Jud und Christ
Wie Turteltaubenpärchen.

Man feiert den Dichter der »Loreley«.
Sein Name wird langsam vertrauter.
Im Lesebuch steht »Heinrich Heine« sogar,
– Nicht: »unbekannter Autor«.

Zwar gibts die Gesamtausgabe nicht mehr,
Auch zum Denkmal scheints nirgends zu reichen.
Man verewigt den Dichter in Miniatur
– Vermittelst Postwertzeichen.

(Was die Marke dem Spottvogel Heine wohl
Für ein leckeres Thema böte …!
Ja, der Deutsche, er kennt seine Klassiker nicht,
Das Zitat aus dem Götz stammt von Goethe.)

Wie gesagt, es soll ein erfrischender Wind
In neudeutschen Landen wehen.
Und wenn sie nicht gestorben sind …
– Das mußte ich unbedingt sehen!

»Minetta Street«

Ich bin, vor jenen »tausend Jahren«,
Viel in der Welt herumgefahren.
Schön war die Fremde; doch Ersatz.
Mein Heimweh hieß Savignyplatz.

Weißgott, ich habe unterdessen
Recht viel Adressen schon vergessen.
– Wenn's heut mich nach »Zuhause« zieht,
So heißt der Ort: »Minetta Street«.

Minetta Street ist eine Gasse,
Aus Höflichkeit nur »Street« genannt,
Im »Village«, wo die Künstlerklasse
New Yorks ihr Klein-Montmartre fand.

Hier gehn die Mädchen kurzgeschoren,
Die Jünglinge im langen Haar.
Hier nennt sich jede Kammer »Studio«
Und jede Schenke »Künstlerbar«.

Trotz deines Talmi und Lametta
– Du Auch-Bohème in Reinkultur –
Gehört mein Herz dir längst, Minetta!
Und nicht des Reimes wegen nur.

Auf hohem Fuß leb ich, verbatim –
Vier Treppen hoch – mit Mann und Kind,
Wo wir zuweilen außer Atem,
Doch niemals ohne Himmel sind.

Hier, wo der Jünger des Picasso
Mit »Ismus« malt statt Genius,
Schwang der Indianer einst sein Lasso,
Rauschte der Old Minetta-Fluß.

Du hörst ihn unterirdisch hasten,
Wenn er vom Eis erwacht im Lenz,
– Im »Penguin«, wo die Literasten
Sich raufen um die »Existenz«.

Sein Murmeln klingt durch meine Träume
Oft wie ein Quell im Odenwald.
Wacht man dann auf, so sind die Bäume
Laternen nur im Stadtasphalt.

Und doch, trotz Talmi und Lametta –
In »Poetry« und auch in »Prose«
Sing ich dein Lob, my dear Minetta,
Und nicht des Reimes wegen bloß.

Wenn einst, in friedlicheren Zeiten,
Die Länder um das Vorrecht streiten,
(Scheint die Besorgnis auch verfrüht):
Tja, welches von M. K.'s Quartieren
Soll die »Hier wohnte«-Tafel zieren …?

– Ich stimme für Minetta Street.

Chanson für Morgen

Wir wissen nicht, was morgen wird.
Wir sind keine klugen Leute.
Der Spaten klirrt, und die Sense sirrt,
Wir wissen nicht, was morgen wird,
Wir ackern und pflügen das Heute.

Wir wissen wohl, was gestern war,
Und wir hoffen, es nie zu vergessen.
Wir wissen wohl, was gestern war,
Und wir säen das Brot, und das Brot ist rar,
Und wir hoffen, es auch noch zu essen.

Wir wissen nicht, was morgen wird,
Ob der Kampf unsrer harrt oder Frieden,
Ob hier Sense sirrt oder Säbel klirrt –
Wir wissen nur, daß es Morgen wird,
Wenn wir Schwerter zu Pflügen schmieden.

Auf diversen Breitengraden

Sehensnichtswürdigkeiten

Wenn man so durch die Länder reist,
Kommt man durch viele Zeiten
Und erkennt der Nationen, sagen wir, »Geist«
An den Sehensnichtswürdigkeiten.

Da steckt er im Rathaus und dort im Café.
Er spricht aus dem Dom und der Grotte.
– Ein Ort ist durch seine Madonna berühmt,
Ein andrer durch seine Kokotte.

Was man als sehenswert uns preist,
Stimmt manchmal pessimistisch;
Doch ist es für besagten Geist
Oft recht charakteristisch:

In London wird dir vorgeführt
»The Tower«! … Und dein Blut gefriert,
Wo Heinrich, der Soundsovielte,
– Sooft der königliche Gatte
Die Frau Gemahlin über hatte –
Entschlossen Schicksal spielte.
Er führte Mylady zum Schafott:
Ihr Haupt fiel »on this very spot«.

Dagegen zeigt man dir bei Paris
Das Lustschloß, ein Miniatur-Paradies,
Das Louis seiner Marquise
De Pompadour, und der Maintenon
Einst zaubern ließ, – das »Petit Trianon«
Und andere Liebesschlösser …

In Paris gefiel es mir besser.

New Yorker Sonntagskantate

Die Kinder spieln vorm Haustor, sonntagsreinlich.
Den »Daddy« führt spaziern sein Dackelhund.
Die »Times« im Arm wiegt heute sieben Pfund.
– Vielleicht nur sechs. Doch seien wir nicht kleinlich!
Aus Küchenfenstern duften Roast und Pie.
Die Glocken melden, daß es Sunday sei.

Die Kirchen des Bezirks, in dem wir wohnen,
Bedienen zirka zwanzig Konfessionen
Wohlassortierter Christen und Buddhisten,
Presbyterianer, Hindus und Baptisten.
Und selig wird bei Chor und Orgelton
Ein jedermann nach seiner Konfession.

Es ziehn die italienischen Familien
Zur nächsten »Lieben Fraue von Sizilien«,
Und auch die Iren, gute Katholiken,
Und fleißige Besucher von Budiken,
Erweisen sich als brave Sonntagsbeter.
Die Schenke öffnet ohnehin erst später.

So gegen Mittag legen sechs Millionen
Vielleicht nur fünf – die »Comics« aus der Hand
Und kauen ihren Toast (leicht angebrannt),
Nebst Schinkeneiern, Vollmilch und Melonen;
Und Vater lauscht, getreu der Tradition,
Dem Gotteswort der Fernseh-Funkstation.

Miss »Teenage« harrt, geschniegelt und gebügelt;
Der Ausgehschmuck (echt Woolworth) glitzert toll:
Von Eros sowie Mister Ford beflügelt,
Kaugummiwiederkäuend, naht Apoll.
Wie diese Zwei den Abend absolvieren,
Läßt sich millionenfach multiplizieren:

Vom ersten »Martini« zum letzten Kaffee
Rollt alles sich ab nach bewährtem Klischée.
Denn was sich schickt und wann, wenn zwei sich
                                    lieben,
Ist gottseidank ausführlich vorgeschrieben
Und führt, sofern man diplomatisch war,
Zum »Happy End«. Das heißt, zum Traualtar.

»What's wrong with that? You sure are sentimental!«
– Gewiß: ich bin »hopelessly Continental«.
Ein Überbleibsel längstverschollner Art,
Leid ich am Klima dieser Gegenwart.
Verzeihen Sie den Ausflug ins Private …

Schluß der New Yorker Sonntagskantate.

Verse für ein amerikanisches Bankbuch
(geschrieben in Wall Street, New York)

Wenn drüben einer nach dem Beruf des Herrn Vaters
uns fragte,
So sagte man – gewöhnlich kleinlaut, ja nahezu
schuldbeladen –
Das Wörtchen: »Kaufmann«. Stand nicht in hohen
Gnaden,
Wenn man auch, umgerechnet, many Dollars machte.

Hierzulande jedoch, sowohl für Mister Kelly als auch
für Mister Cohn,
Ist »business« die zweite, wenn nicht gar die erste,
Religion.
Heilig, heilig, heilig ist der Herr. Vorausgesetzt, er
kann zahlen.
Ein' feste Burg ist unser Geld. Es wohnet in
Kathedralen …

– Haben Sie unsere Banken hier schon gesehn?
Ganz die Akropolis von Athen.
Mit zentraler Heizung, versteht sich, und zentraler
Kühlung.
Außen antik, innen modernste Wasserspülung.
Und Marmorsäulen stehn und flehn dich an:
Verzins dein Kapital beizeiten, Mann!

Unsere Kirchenarchitektur, that's true, erscheint
dagegen fast kläglich.
Aber das ist statistisch durchaus begründet, dear
friend:
Die Seelenzahl der Beter beträgt alljährlich nur ein
Minimalprozent.
… Mit ihrer Bank jedoch verkehrt die moderne
Seele fast täglich.

Der Bescheidwissenschaftler

Er ist beim Weltall angestellt,
Vor fremder Tür zu kehren.
Bevor die große Glocke schellt,
Hat er sie läuten hören.

Er kniet für einen Silberling
Vor Hohem und Gemeinem.
Er kennt den Preis für jedes Ding,
Den Wert jedoch von keinem.

Ein Kammerjäger der Prominenz
Ist er, honoris causa.
Ein Tellerlecker der Eminenz,
Ein Majestäts-Entlauser.

Per Klatschblatt und per Telefon,
– Sein Wahnsinn hat Methode –
Bezieht er, was heut Religion
Und morgen Episode.

»Das hab ich wissen Sie woher …?«
Protzt er mit Kennermiene.
Wo sonst das Herz schlägt, da hat er
Eine Diktiermaschine.

Er hat die Hand in jedem Spiel;
(Für ihn gibts keine Regeln)
Und kennt die Kunst, direkt ans Ziel
Mit fremdem Schiff, zu segeln.

… Wird er, als blinder Passagier,
Einst in den Himmel schweben,
Muß es dort auch ne Hintertür
Und Schlüssellöcher geben.

Brief aus Venedig

Venedig gilt als Ziel der Hochzeitsreise.
Ganz solo fühlt man sich hierorts als Waise.
Die kleinste Gondel hat für Zweie Platz.
Und »Baedeker« ist schwerlich ein Ersatz.
– Warum nur reimt das Kosewort »Venedig«
In unsrer Landessprache sich auf »ledig«?

… Daß es so blauen »blauen Himmel« gibt!
Ich bin hier (rein intransitiv) verliebt.
Intransitiv, so sagte ich, Signore!
Das heißt: Ich tu hier alles con amore.

Das alte Villenhaus, in dem ich wohne,
Bezaubert mich mit Farben von Giorgione.
Im Grandhotel, der Kellner namens Dante
Bringt meinen Lieblingswein, Asti Spumante,
Und eine Venus à la Botticelli,
Serviert mir meine Brodo Vermicelli.
Dazu spielt abendlich das Lido-Trio
Musik von Verdi und »O sole mio«.

– Mein Zimmernachbar ist ein Bajuvare,
Der hauptberuflich preßfotografiert,
Und sich in seine quasi Künstlerhaare
Ein Viertelliter »Olio Rosa« schmiert.
Er kennt den Grundstückswert der Prunkpaläste
Sowie das Bankguthaben hoher Gäste,
Und alles, was hier malt, singt oder dichtet,
Hat er fürs Heimatblättchen jüngst belichtet.

Ich habe mir schon vieles angesehn
Und fand das meiste vorschriftsmäßig schön.
Im Markusdom und anderswo erkennt
Sogar der Laie frühen Orient;
Byzanz, Judäa, Griechenland, archaisch …
Mir schien so manches Mosaik mosaisch.

In Santa Maria della Salute
Hingegen ward mir katholisch zumute.
Doch über dem Weihrauch und über den Messen
Hab ich jenes alte Warum nicht vergessen
– Warum nur, wenn alle Maria vergöttern,
Verfolgt man Mariens judäische Vettern?

Statt Antwort kam Geläut der Vesperglocken,
Gemischt mit gregorianischem Choral.
Und auf der Brücke über dem Kanal,
Im Ghettoschatten sah ich Shylock hocken …

Ich seh ihn immer noch, von Zeit zu Zeit.

… Venedig liegt im Herzen von Italien
Und auf dem Breitengrad »Vergangenheit«.
– Doch lassen wir historische Lappalien!

Gesucht: Ein Irgendwo von dazumal ...

Irgendwo, in diesem vom Lärm erdrosselten Leben,
Muß es, so träume ich dann und wann, ein schweigendes
Wärterhaus geben,
Mit ein paar Bäumen davor, und einem Vogel, der singt.
Von fern, das Gebirg. Man meint, in den Wolken zu
schweben.
Und die Stille ringsum! Es ist eine Stille, die klingt.

Wieder beglückt mich der Duft der blühenden alten
Kastanien,
Den ich, unvergessen, so lang über Länder und Meere
hin trug ...
Rosen zieh ich mir nicht, auch keine verwöhnten
Geranien.
Feldblumen frisch auf den Tisch im bäuerlich irdenen
Krug!

Nachbarlich grüßt mich vom Dorf zur Vesperstunde das
Läuten.
Das Eichhorn erkennt meinen Gang. Und es flieht vor
mir nicht mehr das Reh.
Vier Mal spiegelt der Bach mir das wechselnde Antlitz
der Zeiten.
Mein Kompaß: Sonne und Wind. Meine Zeitungen:
Spuren im Schnee.

– Wie seltsam: der erste Tag, und ich fühle mich selig
zuhause!
Vertraut ist die Landschaft mir längst. Sah alles so oft
schon im Traum:
Den Brunnen, den Urväterrat und den offnen Kamin
in der Klause;
Petroleumlampe zur Nacht und Bänke aus knorrigem
Baum.

… Irgendwo, in diesem vom Fortschritt zertretenen
Leben,
Muß es – ich träume es gar zu oft – ein solches
Wärterhaus geben.
Dort sitze ich öfters, im Geist, an dem himmlischen
Frieden mich labend,
Und blicke, schweigend zumeist, in den sinkenden
Lebensabend.

Zum Thema »Seelenwanderung«

Wer nicht an Seelenwanderung glaubt,
Dem mag der Herr vergeben.
Was mich betrifft, ich sage: Ja,
Ich war bestimmt als Vogel schon da,
In einem früheren Leben.

Als ich ein Kind war, konnte ich auch noch fliegen.
Oft hab ich des nachts aus dem Bett mich entfernt.
Und wo andere Leute ihr Rheuma kriegen,
Hatte ich anderntags den Schwingen-Kater.
Aber das Fliegen habe ich etwas verlernt.

Einmal hab ich meiner versammelten Klasse
Was Extratüchtiges vorgeflogen.
Hoch über die Dompfaffengasse
Bis auf den Schiffbauerdamm.
Da schlugen die Leute die Hände zusamm.
Und kurz darauf sind wir unbekannt verzogen.

Ich habe auch noch andere Beweise:
In Steglitz sprach mich einmal eine Meise
An, die hat mich gleich erkannt.

Seitdem war mein Haus von Meisen überrannt,
Von Meisen und von Spatzen.
Die kamen täglich gegen vier
Auf den Balkon, um dort mit mir
Von vergangenen Zeiten zu schwatzen.

Und dann das Heimweh, das ich allenthalben
Verspüre, sobald die ersten Schwalben
In Septemberscharen südwärts ziehn …

Und immer, wenn die Palmenbäume blühn,
Schlank wie im Hohenliede Salomonis,
Gedenke ich des klugen Davidsohnes,
Der unsre Vogelsprache ernst studierte.
Ja, der mich seinerzeiten engagierte,
Ihn unsern neusten Dialekt zu lehren,
Und auch in der Grammatik abzuhören.

Achgott, der Arme hatte tausend Frauen,
Da brauchte er sein bisschen Sprachtalent.
Er sprach ein königlich Hebräisch
Mit salomonischem Akzent.

Wie gesagt, wer an Seelenwanderung nicht glaubt,
Nun, das ist seine Sache.
Aber er lache mir nicht über meine.
Sonst nehme er sich nur in acht.
Geflattert komm ich in der Nacht
Und werde »Uhu, Uhu« schrein.

Denn's nächste Mal will ich ein Käuzchen sein.

An meinen Schutzengel

Den Namen weiß ich nicht – doch du bist einer
Der Engel aus dem himmlischen Quartett,
Das einstmals, als ich kleiner war und reiner,
Allnächtlich Wache hielt an meinem Bett.

Wie du auch heißt: Seit vielen Jahren schon
Hältst du die Schwingen über mich gebreitet
Und hast, der Toren guter Schutzpatron,
Durch Wasser und durch Feuer mich geleitet.

Du halfst dem Taugenichts, als er zu spät
Das Einmaleins der Lebensschule lernte.
So manche Saat, die bang ich ausgesät,
Ging auf und wurde unverhofft zur Ernte.

Seit langem bin ich tief in deiner Schuld.
Verzeih mir noch die eine, letzte Bitte:
Erstrecke deine himmlische Geduld
Auch auf mein Kind, und lenke seine Schritte.

Er ist mein Sohn; das heißt, er ist gefährdet.
Sei um ihn tags, behüte seinen Schlaf
Und füg es, daß mein liebes schwarzes Schaf
Sich dann und wann ein wenig weiß gebärdet.

Gib du dem kleinen Träumer das Geleit.
Hilf ihm vor Gott und vor der Welt bestehen.
… Und bleibt dir dann noch etwa freie Zeit,
Magst du bei mir auch nach dem Rechten sehen.

Damen unter sich

… Ist Ihnen schon einmal aufgefallen,
Was geschieht,
Wenn eine alternde Hyäne
Eine jugendliche Schöne sieht?

Ein Schlangenbiß ist ein Kinderkuß
Gegen diesen Blick!
Meine Damen, das stimmt Sie verdrießlich?
– Anwesende ausgenommen. Ich meine
                                        ausschließlich
Jene neidischen alten Scharteken.

Doch kommen wir zurück
Auf besagten Blick –
Der Blick spricht Bibliotheken.

Werte Hyänen! Gönnet dem Kind
Die flüchtigen Jahre. Vergänglich sind
Schönheit und Jugend. Und, wie ihr wißt,
Schwindet die karg bemessene Frist.
Achtzehn und Dreißig –
Am Schluß, mit Verlaub,
Bleibt von uns allen
Ein Döschen voll Staub.

– Auch ohne den Dolchblick
Und ohne das Gift,
Wenn eine Hyäne die andere trifft.

... Mutter sein dagegen sehr

Manchmal, nach verhängter Strafe
– Sonntags nicht ins Kino gehn –
Seh ich mich, das heißt, im Geiste,
Vor dem armen Sünder stehn.

Lieber Sohn, hör ich mich sagen,
Strafe, heißt es zwar, muß sein!
Doch mir leuchten ein paar Zeilen
Meiner Rolle nicht ganz ein:

Muß es »Elternstrenge« geben
In der Welt des Achsobald?
Einmal nur in diesem Leben
Ist man dreizehn Jahre alt!

Achsobald, und arm an Haaren,
Bist auch du ein Herr mit Wanst.
– Flegel in den Flegeljahren,
Flegle dich so lang du kannst!

… Kam Sokrates immer pünktlich nach Hause?
Wusch Holbein sich täglich vom Kopf bis zur Zeh?
Aß Gandhi sein Frühstücksbrot brav in der Pause?
War Napoleon höflich zu seiner Armee?

Ob Äschylus fleißig sein Verb konjugierte,
Etcetera, – bleibe dahingestellt.
Ob Hafis sich seine Sandalen polierte?
War Byron stets sparsam mit Taschengeld?

– – Sag, Liebster: Ob wir nicht zu streng mit ihm
                                        sind?
Gewiß, die Prinzipien. (Ach, hol sie der Wind!)
Und kommenden Sonntags marschiert unser
                                        Sünder
Ins Kino. Wie alle verzogenen Kinder.

Temporäres Testament

Nach meinem Tode (Trauer streng verbeten)
Verlaß ich diesen elenden Planeten.
Wenn Plato recht hat, – Plato ist mein Mann:
Erst wenn man tot ist, fängt das Leben an.

Kapitel Eins beginnt mit dem Begräbnis,
Der Seele letztes irdisches Erlebnis.
Auf meines freue ich mich heute schon!
– Da gibt es keine Trauerprozession.

Kein Lorbeerkranz vom Bund der Belletristen;
Kein Kunstvaein hat mich in seinen Listen,
Kein Dichtazirkel … Sagen wir es schlicht:
Gesellig war die sanft Entschlafne nicht.

Der Redakteur, den sie einst tödlich kränkte,
Als er sein Mäntlein nach dem Winde hängte,
Hat ihren Nachruf lange schon gesetzt.
Der schließt: »M. K. war reichlich überschätzt«.

Diverse Damen, deren Herren Gatten
Zuzeiten eine Schwäche für mich hatten,
Die werden selbst im Regen Schlange stehen,
Um mich auch wirklich mausetot zu sehen.

Die strengen Richter meiner wilden Jugend
Entdecken der Verstorbnen edle Tugend …
Und eingedenk der menschlichen Misere
Vergießt so mancher eine Anstandszähre.

Den wahren Freunden, – ach, sie sind zu zählen!
Werd ich vielleicht zuweilen etwas fehlen.
Moral: Was euch im Leben zu mir zog,
Hebt es nicht auf für meinen Nekrolog!

POST SCRIPTUM: Schont die guten Taschentücher,
Ihr Herrn Verleger meiner wenigen Bücher.
Mein »letzter Wunsch« – mag man ihn übelnehmen:
Zahlt meinem Kind die fälligen Tantiemen!

Verzeichnis der Gedichte

Editorische Notiz

Verse für Zeitgenossen erschien erstmals 1945 im Schoenhof Verlag, Cambridge, Massachusetts/USA und war einer der wenigen Bände, der in den USA in deutscher Sprache veröffentlicht wurde. Thomas Mann schrieb Kaléko während seines Exils: »Sehr verehrte Frau, haben Sie Dank für Ihren Gruss und Ihre ausdrucksvollen Gedichte, an denen ich eine gewisse aufgeräumte Melancholie am meisten liebe. Gewiss haben Sie vielen Tausenden aus der Seele gesungen hier draußen (…).«

Im März 1958 erschien eine überarbeitete deutsche Ausgabe beim Rowohlt-Verlag mit vierundfünfzig Gedichten, die amerikanische Erstausgabe enthielt fünfundvierzig. Die Zusammenstellung der Texte in den beiden Ausgaben unterschied sich deutlich, da die Autorin die deutschlandkritischen Texte ersetzte.

Die Reihenfolge der Gedichte im vorliegenden Band entspricht der deutschen Erstausgabe von 1958 und folgt dieser in Orthographie und Interpunktion. Sie wurde dem ersten Band *(Werke)* der Edition Mascha Kaléko, »Sämtliche Werke und Briefe in vier Bänden« (hrsg. von Jutta Rosenkranz, München, 2012), entnommen.

Inhalt